pelos
y más pelos

Cassie Mayer

ediciones iamiqué

¿Qué es ediciones iamiqué?

ediciones iamiqué es una pequeña empresa argentina manejada por una física y una bióloga empecinadas en demostrar que la ciencia no muerde y que puede ser disfrutada por todo el mundo. Fue fundada en 2000 en un desván de la Ciudad de Buenos Aires, junto a la caja de herramientas y al ropero de la abuela. ediciones iamiqué no tiene gerentes ni telefonistas, no cuenta con departamento de marketing ni cotiza en bolsa. Sin embargo, tiene algo que debería valer mucho más que todo eso: unas ganas locas de hacer los libros de información más innovadores, más interesantes y más creativos del mundo.

Primera publicación en Gran Bretaña con el título *Fur*
© Harcourt Educational Ltd, 2006
Primera publicación en la Argentina con el título Pelos y más pelos
© ediciones iamiqué, 2013
info@iamique.com.ar ; www.iamique.com.ar
facebook: ediciones iamiqué
twitter: @_iamique_

Textos: Cassie Mayer
Traducción: Ileana Lotersztain
Adaptación de diseño: Javier Basile

Primera edición: marzo de 2013
Tirada: 3000 ejemplares
I.S.B.N.: 978-987-1217-40-3
Queda hecho el depósito que establece la ley 11.723
Impreso en Argentina. Printed in Argentina

Mayer, Cassie
    Pelos y más pelos. - 1a ed. - Buenos Aires : Iamiqué, 2013.
    24 p. : il. ; 21x21 cm. - (Los animales por fuera)

    ISBN 978-987-1217-40-3

    1. Ciencias para Niños . I. Título
CDD 500.54

¿Has notado qué diferentes son los animales por fuera?

Todos los animales tienen
algo que los recubre.
Mira estos recubrimientos.
¿Qué ves?

plumas   escamas

piel   caparazón

pelos

Este animal tiene pelos.
El pelo es uno de los recubrimientos
que puede tener un animal.

Hay diferentes **tipos de** pelos.

**Los pelos pueden
ser** gruesos.
¿Qué animal es éste?

Este animal es un oso.
Su grueso pelaje lo ayuda a
mantenerse caliente.

Los pelos pueden
ser enrulados.
¿Qué animal es éste?

Este animal es una oveja.
Su pelaje enrulado se llama lana.

Los pelos pueden ser filosos.
¿Qué animal es éste?

Este animal es un puercoespín.
Sus pelos filosos se llaman púas.

Los pelos pueden ser
suaves y mullidos.
¿Qué animal es éste?

Este animal es un guepardo bebé.
Cuando crezca, cambiará su pelaje
por otro menos mullido.

Los pelos pueden tener colores **brillantes**.
¿Qué animal es éste?

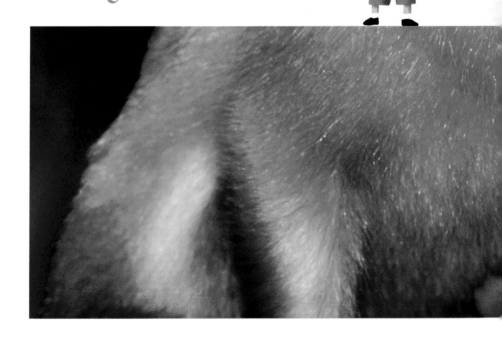

Este animal es un mono.
Los colores de su pelaje
lo hacen muy vistoso.

Los pelos pueden formar
diferentes diseños.
¿Qué animal es éste?

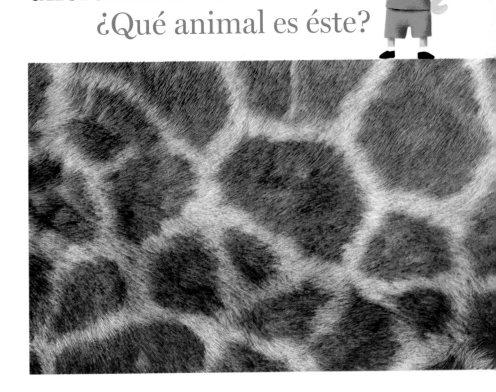

Este animal
es una jirafa.
El color y el diseño
de su pelaje la
ayudan a ocultarse.

Y tú,
¿tienes pelos?

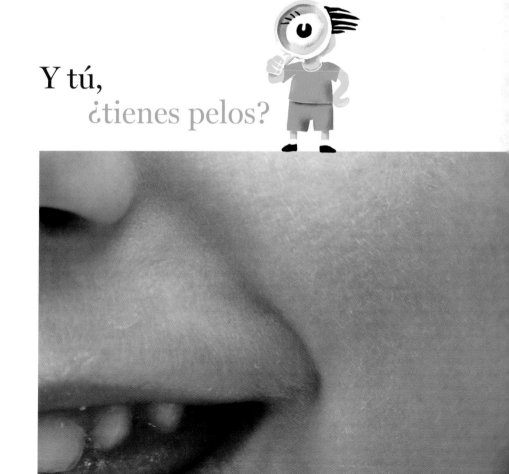

¡Sí!

Tú también tienes pelos.

Tus pelos cubren una buena parte de tu cuerpo y, según dónde estén, tienen distinto color, grosor y longitud.

Adivina, adivinador

1 Mi pelaje se llama lana.
¿Quién soy?

2 Mi pelaje me ayuda
a defenderme.
Mis pelos se llaman púas.
¿Quién soy?

(Tienes las respuestas en la página 23)

Datos divertidos sobre los pelos

Algunos animales, cuando se asustan, levantan sus pelos y lucen más amenazantes.

La melena del león, que está formada por muchos pelos, lo hace verse feroz.

El jabalí suele cubrir su pelaje con lodo que, entre otras cosas, le permite refrescarse.

Los editores de la versión original de este libro agradecen los permisos de reproducción de las siguientes fotografías: Corbis págs. 6 (Paul A. Souders), 11, 12 y 23 (puercoespín, Nigel J. Dennis/Gallo Images), 13 (Jones), 14 (Wolfe), 15 y 16 (Kevin Schafer/zefa), 18 (Martin Harvey), 20 (Kevin Dodge), 22 (gato, Pat Doyle); Flpa pág. 22 (jabalí); Getty Images págs. 7 y 8 (Warden), 9, 10 y 23 (oveja, Miller); Getty Images/Digital Vision págs. 4 (Martín pescador y rinoceronte) y 5 (guepardo); Getty Images/Photodisc pág. 17 (jirafa); Nature Picture Library pág. 22 (león, Christophe Corteau). La imagen de la tapa (pelaje de tigre) es reproducida con el permiso de William Dow/Corbis.
Los editores de la versión para América Latina de este libro agradecen a Javier Basile los permisos de reproducción de las fotografías de las págs. 4 (caracol y gecko) y 19.

Adivina, adivinador

1. Soy una oveja.

2. Soy un puercoespín.

¿Quieres formar parte de los seguidores de ediciones iamiqué?

Sueños curiosos

Esa no es mi cola

Esas no son mis patas

Esas no son mis orejas

Matecuentos

Un paeso matemático por el museo

El castillo de la bruja desordenada

¿A quién le toca el durazno?

Descubridores

No es lo mismo

¿Y si contamos?

info@iamique.com.ar
www.iamique.com.ar
facebook: ediciones iamiqué
twitter: @_iamique_

Este libro se imprimió y encuadernó en marzo de 2013 en Grancharoff Impresores, Tapalqué 5868, Ciudad de Buenos Aires, Argentina.
impresores@grancharoff.com